BOEKANALYSE

AF143437

Tristan
en Isolde

· · · · · · · · · · · · · · · · ·

René Louis

BOEKANALYSE

Geschreven door Christelle Legros
Vertaald door Nikki Claes

Tristan en Isolde

René Louis

MUST READ

RENÉ LOUIS

FRANS HISTORICUS, FILOLOOG EN ARCHEOLOOG

- **Geboren in Yonne (Frankrijk) in 1906**
- **Overleden in 1991**
- **Zijn werk:**
  - *Tristan en Isolde* (1972), roman

De historicus, filoloog en archeoloog René Louis doceerde tussen 1941 en 1977 middeleeuwse literatuurgeschiedenis aan verschillende universiteiten. In 1927 ontdekte hij de Karolingische fresco's in de crypten van Saint-Germain (Auxerre), waardoor hij bekend werd als mediëvist. Als leerling van Joseph Bédier en Ferdinand Lot zijn zijn publicaties mijlpalen in de academische wereld.

TRISTAN EN ISOLDE

PERSONAGES IN WAANZIN GELEID DOOR HUN ALLES VERTERENDE LIEFDE

- **Genre:** roman

- **Referentie-uitgave:** Louis, R. (1972) *Tristan et Iseult*. Parijs: Librairie Générale Française.

- **Eerste uitgave:** 1972

- **Thema's:** liefde, waanzin, drankjes, magie, drama, jaloezie, verraad

De legende van Tristan en Isolde is van Keltische oorsprong. Er zijn opmerkelijke schriftelijke sporen van in de Franse middeleeuwse literatuur vanaf de 12th eeuw, voornamelijk in de vorm fragmenten. Sindsdien zijn er meerdere versie van de legende gepubliceerd, waaronder die van René Louis. Hoewel de tekst van Louis nog niet in het Engels is vertaald, wordt in deze samenvatting de verengelste namen van de personages van de legende gebruikt om het begrip te bevorderen.

Deze legende toont een trio dat beroemd is in literatuurgeschiedenis: de echtgenoot (koning Mark), zijn vrouw (koningin Isolde de Schone) en haar minnaar (Tristan). Het verhaal maakt gebruik van vele elementen van de Keltische bron, waaronder magie. Zo wekt het drinken van een toverdrank de hartstochtelijke liefde op die Tristan en Isolde samenbrengt en menselijke en goddelijke wetten overstijgt.

SAMENVATTING

Terwijl hij hulde bracht aan Joseph Bédier (Frans criticus, 1864-1938), die de legende van Tristan en Isolde aan het begin van de 20e eeuw vernieuwde, verklaarde René Louis dat hij dezelfde bronnen wilde gebruiken om een soort verhaal te herscheppen dat dateert van vóór de feodale en ridderlijke beschaving en teruggaat tot de Hoge Middeleeuwen in het Keltische Groot-Brittannië. Hij wilde een versie produceren die dichter bij de vroege legende van Tristan stond en zo verschilde van die van Bédier en de auteurs uit de 12th eeuw.

DE IERSE REUS

Op een dag dreigt een Ierse reus, Morholt, een schatting te eisen van koning Mark, die over Cornwall regeert. Geen van de baronnen durft hem uit te dagen, behalve Tristan, die dan zijn identiteit onthult: hij is in feite de neef van koning Mark, de zoon van de jongere zus van de vorst Blancheflor en Rivalen, de zoon van de koning van Lyonesse. Opgevoed door een schildknaap genaamd Gorvenal vanaf zijn zevende, komt hij na de dood van zijn vader onder een valse naam aan het hof van zijn oom om erkenning te krijgen voor zijn dapperheid.

Hoewel hij het gevecht wint, raakt Tristan gewond door een vergiftigde speer. Omdat hij niet kan worden genezen, vertrekt hij op een boot en spoelt aan Ierland, waar hij wordt verzorgd door koningin Isolde en haar dochter Isolde de Schone. Als hij eindelijk genezen is, keert hij terug naar Cornwall. De verraderlijke baronnen zijn jaloers op Tristan en beschuldigen hem ervan dat hij probeert de opvolger van zijn oom te worden door hem ervan te weerhouden en een erfgenaam voort te brengen. Koning Mark kiest uiteindelijk als vrouw de wier haar, blank als goud, door de zwaluwen is meegebracht. Tristan herkent het haar van de jonge Isolde en gaat op weg om haar voor zijn oom te winnen.

DE DRAAK

Gormond, de koning van Ierland, belooft Isolde aan degene die het land zal bevrijden van de draak die het teistert. Tristan doodt het monster en neemt zijn tong mee als trofee, maar als hij de tong aanraakt wordt hij vergiftigd. De hoofdrentmeester van de koning, die dit tafereel heeft gezien, hakt de drakenkop af en roept zichzelf uit tot kampioen. Maar Isolde weigert met hem te trouwen, ervan overtuigd dat de ware overwinnaar dichtbij verborgen zit. Zij en haar moeder vinden Tristan en zorgen weer voor hem. Als ze ziet dat een scherf die in het hoofd van haar oom Morholt is gevonden, afkomstig is van Tristans zwaard, wordt Isolde kwaad en wil hem doden, maar de jongeman weet haar tot rede te brengen door beloven haar te verdedigen tegen de rentmeester.

Men beseft dat Tristan het monster heeft gedood: hij is dus degene die met Isolde moet trouwen. Gormond, aan wie hij zijn ware bedoelingen onthult, stemt ermee in zijn dochter aan koning Marcus te geven. Ondertussen bereidt de koningin een speciale "wijn" die passie kan opwekken bij de man en vrouw die ervan drinken. Ze geeft het aan Isolde's bediende Brangaine, zodat zij Mark en Isolde een gelijke portie kan geven op hun huwelijksnacht. Ze vermoedt niet dat Tristan, en niet Mark, het drankje zal drinken.

DE LIEFDESDRANK

Terwijl ze de zee oversteken, stelt Brangaine Isolde gerust dat haar huwelijk gelukkig zal zijn door haar te vertellen over toverdrank. Het meisje weigert echter de wijn met Marcus te delen en de bediende, die vermoedt dat Isolde verliefd is op Tristan, besluit hen de toverdrank te laten drinken. Het heeft onmiddellijk effect: ze worden overmand liefde en geven zich over aan vleselijke passie. Om dit voor Mark te verbergen vraagt Isolde aan Brangaine, die nog maagd is, om in de huwelijksnacht plaats te nemen in het bed van de koning. Mark trapt in de truc, waardoor de tevreden Isolde haar relatie met Tristan kan voortzetten.

De zorgeloze geliefden brengen zichzelf echter gaandeweg in gevaar. Wanneer Kariado, een trouwe volgeling van Mark, hen betrapt, is hij jaloers en waarschuwt hij de koning, die besluit de koningin op de proef te stellen. Isolde weet zich uit de situatie te redden dankzij Brangaine, voordat ze wordt overgehaald door een deuntje dat een baron van Ierland op de harp speelt. Tristan gebruikt nog een list om haar te bevrijden. Vervolgens betrappen de baronnen de twee geliefden en informeren de koning, die Tristan verbant. Hij verbergt zich vervolgens in het bos om dicht bij Isolde te blijven: zoals hazelaar en kamperfoelie kunnen de geliefden niet van elkaar gescheiden leven zonder de dood te riskeren.

EEN DODELIJKE VAL

De koning hoort van Frocin de dwerg dat Tristan en Isolde elkaar 's nachts hebben ontmoet in de boomgaard, vlakbij de

fontein, en besluit hen te verrassen door zich in een dennen-
boom in de boomgaard te verstoppen. Tristan ziet echter zijn
spiegelbeeld in de fontein en verandert zijn manier van doen
als de koningin nadert. Zij wordt achterdochtig en praat op
een manier die haar minnaar vrijpleit. De nietsvermoedende
Marcus vertrouwt zijn neef en nodigt hem opnieuw uit aan
het hof. Trots op hun truc weten Tristan en Isolde niet dat ze
binnenkort ter dood zullen worden veroordeeld.

De verraderlijke baronnen willen de geliefden toch op heter-
daad betrappen en vragen Frocin om meel op de vloer te
strooien de bedden van Tristan en de koningin. Wanneer hij
deze val ontdekt, springt Tristan in het bed van Isolde, maar
daarbij verwondt hij zichzelf. De bloedvlekken zijn een duide-
lijk teken van de schuld van de geliefden: gedreven door
woede besluit de koning hen zonder proces ter dood te
brengen.

DE VLUCHT VAN DE GELIEFDEN

Op weg naar de brandstapel vraagt Tristan om te mogen
stoppen zodat hij kan bidden in een kapel boven een klif. Hij
stort zich van de klif, landt zonder zich te verwonden en rent
weg. De koning is woedend en eist dat Isolde meteen in het
openbaar wordt verbrand. In de menigte bevindt zich een
groep melaatsen, en hun leider stelt de koning voor Isolde
aan hen te geven: zo zal haar straf erger zijn dan de dood. De
koning neemt dit aanbod aan, maar Tristan en Gorvenal vallen de melaatsen aan en bevrijden de koningin.

Nadat ze zich in het bos van Morois hebben verschanst, leiden de geliefden een moeilijk leven vol ontberingen, dat hen

pijnlijk verzwakt. Ze ontmoeten een kluizenaar, broeder Ogrin, die hen aanspoort zich te bekeren. Het ligt echter "niet in hun macht om hun liefde af te zweren" (p. 119). Op een nacht vallen ze in slaap met het zwaard van Tristan tussen hen in. Een boswachter ziet hen en vertelt het aan de koning, die ontroerd is bij het zien van hun kuise slaap en zijn clementie toont door hen te laten slapen.

ISOLDE'S PROCES

Drie jaar na inname van het drankje is de betovering uitgewerkt, maar zowel Tristan als Isolde voelen dat hun liefde blijft bestaan. Toch moeten ze voor hun eigen bestwil terugkeren naar een normaal leven. De kluizenaar stemt ermee in hen te helpen door een brief te schrijven aan Marcus. De koning antwoordt dat hij Isolde's terugkeer aanvaardt, maar niet die van Tristan. De geliefden beloven elkaar altijd te helpen en als teken van deze eed biedt Tristan Isolde zijn hond aan en zij geeft hem haar magische ring. Isolde krijgt een fijn onthaal van de koning, terwijl Tristan zich gaat verstoppen om nieuws over de koningin te ontvangen.

De verraderlijke baronnen eisen dat ze terechtstaat. Isolde stemt ermee in zich te verantwoorden om elke verdenking weg te nemen. Ze vindt het echter belangrijk om niet voor God te liegen en met de hulp van Brangaine bedenkt ze een plan. Aangezien de eed bij Mal Pas zal worden afgelegd, bestaat het plan erin een melaatse, die in werkelijkheid Tristan in vermomming is, te vragen haar te helpen de oversteek te maken. Isolde gaat op Tristan zitten; als ze getuigt, zweert ze voor God dat "geen andere man dan haar man, koning Mark, en deze melaatse ooit tussen haar benen zijn geweest" (blz. 156).

Zo wordt Isolde's onschuld bewezen. Mark staat niet te trappelen om Tristan bij zich terug te roepen. Deze wil het land verlaten, maar wordt verhinderd door zijn liefde voor Isolde. Hij komt daarom terug om haar met gevaar voor eigen leven aan te treffen, maar zij is zich bewust van het gevaar en smeekt hem te vluchten.

TRISTAN'S BALLINGSCHAP

Onderweg ontmoet Tristan enkele ridders van de Ronde Tafel en vergezelt hen naar het hof om Isolde te zien voor zijn verbanning. De koning laat de groep in zijn slaapkamer verblijven, maar laat zeisen op de vloer leggen omdat hij hen niet vertrouwt. Wanneer hij zich bij Isolde voegt, verwondt Tristan zichzelf opnieuw. Gelukkig wordt hij gered door Keu, de seneschal (een functionaris die in de Middeleeuwen belast was met de administratieve en huishoudelijke regelingen in adellijke huizen), die de jagers laat opstaan zodat de hele kamer onder het bloed zit en Tristan niet gepakt wordt. Uiteindelijk vertrekt hij met Gorvenal naar Bretagne.

Eenmaal aangekomen schuilen ze bij koning Hoel van Bretagne, de vader van Sir Kahedin en Isolde van de Witte Handen. Door te trouwen met de andere Isolde, wier schoonheid en naam hem doen denken aan zijn vroegere geliefde, probeert Tristan zich tevergeefs te troosten. Wanneer Kariado Isolde de Schone op slinkse wijze vertelt over Tristans huwelijk, zingt de koningin, die hem niet vergeten is en in grote nood verkeert, een legende die de dood aankondigt.

ISOLDE VAN DE WITTE HANDEN

Terwijl Tristan en Isolde van de Witte Handen aan het wandelen zijn, spat het water van de doorwaadbare plaats op de jonge bruid, die uitroept dat het water moediger is dan haar man. Inderdaad, ondanks de schoonheid van de jonge vrouw is hun verbintenis niet geconsumeerd. Kahedin is hierover woedend, maar als Tristan hem alles verteld heeft, vergeeft hij zijn vriend en stelt hij hem terug te keren naar Engeland om zich te verzekeren van de liefde van Isolde Schone.

Bij zijn terugkeer in Cornwall verbergt Tristan zich om de koningin weer te zien. Wanneer hij het lied van een vogel imiteert, herkent zij hem en dankzij Brangaine ontmoeten de geliefden elkaar weer. Maar op een dag, haar trots gekrenkt door een misverstand, weigert Isolde Tristan te erkennen en laat hem verjagen. Hij wanhoopt een jaar lang en dan, vastbesloten haar weer te zien, steekt hij opnieuw de zee over en doet alsof hij gek is. Dankzij Brangaine en Tristan's hond Husdent ontmoeten de geliefden elkaar. Isolde verontschuldigt zich en zweert dat ze altijd van Tristan zal blijven houden.

Weggezonken in melancholie bouwt hij een paleis van beelden, waar hij beelden opricht ter ere van Isolde de Schone en hun liefde.

HET ZWARTE ZEIL

Tristan, vergiftigd door een lans, vraagt Kahedin om Isolde de Schone te gaan zoeken, de enige die hem kan genezen, en vecht om in leven te blijven, gesteund door de hoop haar nog een keer te zien. Kahedin stemt hiermee in, en kondigt aan dat hij twee zeilen op zijn schip zal voeren: een wit zeil, dat de terugkeer van zijn geliefde zal aangeven, en een zwart zeil, dat zal laten zien dat Isolde weigert hem te helpen.

Maar Isolde van de Witte Handen, die alles heeft afgeluisterd, wil wraak nemen, en als haar broer terugkeert liegt ze Tristan en vertelt hem dat het zwart is. Tristan sterft en Isolde de Schone, die het lichaam van haar geliefde ontdekt, stort in en sterft eveneens. Kahedin brengt hun lichamen terug naar Cornwall, waar ze begraven zullen worden. Uit hun graven groeien twee struiken, een hazelaar en een kamperfoelie, die onmogelijk te scheiden zijn.

KARAKTERSTUDIE

KONING MARK

Mark regeert over Cornwall en stamt uit een oud geslacht. Op latere leeftijd heeft hij nog steeds geen vrouw en geen erfgenaam. Nobel, edelmoedig, trouw en moedig, maar vaak opvliegend. Zijn stemmingen zijn onvoorspelbaar, en hij kan gewelddadig en wreed zijn. Hij blinkt vooral uit in jagen.

Zijn gezag over zijn vazallen is wankel: hij laat zich gemakkelijk intimideren door zijn baronnen en laat zich beïnvloeden en manipuleren door hun woorden en listen. Hij is ook naïef en goedgelovig, waardoor hij vaak op de schijn vertrouwt en deze voor werkelijkheid aanneemt. Zo schenkt hij de minnaars zijn volledige vertrouwen en clementie zodra een vriendelijk of vakkundig gekozen woord de donkerste vermoedens uit zijn hoofd verjaagt. Deze karaktertrek maakt hem wispelturig: als hij door twijfel wordt gegrepen, is hij erg boos; als hij wordt gekalmeerd door wat hij ziet of hoort, wordt hij weer barmhartig en vergeeft hij mensen vrijelijk.

Maar ondanks alles houdt koning Mark teder van zijn vrouw en Tristan. Wanneer hij gedwongen wordt de laatste te verbannen, is hij daar bedroefd over. Wanneer hij de lichamen van zijn vrouw en neef terugvindt, eert hij hen door ze naast elkaar te begraven in plaats van ze te verbranden. Zo is het uiteindelijk clementie die in zijn hart overheerst.

TRISTAN

Tristan wordt geboren in Lyonesse en is de zoon van Blancheflor, de jongste zus van koning Mark, en Rivalen, de zoon van de koning van Lyonesse. Zijn vader doopt hem met de Keltische naam "Drustan", die "Tristan" wordt, een naam die beter aangeeft hoe verdrietig zijn ouders zijn bij zijn geboorte en die de voorbode is van de beproevingen en tegenslagen waarmee hij later te maken zal krijgen (het Franse woord *triste* betekent "verdrietig"). Blancheflor sterft inderdaad tijdens de bevalling en Rivalen laat hem wanhopig als wees achter op vijftienjarige leeftijd. Vanaf zijn zevende wordt Tristan opgevoed door Gorvenal, die hem altijd trouw zal blijven, en zijn opvoeding wordt voltooid door Seneschal Dinas van Lidan na zijn aankomst in Cornwall.

Tristan heeft de kwaliteiten van een echte ridder: Hij is knap, galant, moedig, trouw aan zijn koning en zijn geliefde, loyaal en dapper. Zijn prestaties plaatsen hem boven alle baronnen. Tristan is begaafd met grote, bijna bovenmenselijke, fysieke kracht (denk aan zijn overwinningen op de reus en de draak), en hij is bedreven in alle kunsten: hij is een uitstekend dichter, harpist, imitator van vogelzang, ruiter, jager en schildknaap. Hij is ook sluw (bijvoorbeeld wanneer hij Isolde terugkrijgt van de Ierse baron), maakt vernuftig gereedschap (zijn boog, die hij Fail-not noemt) en kent de geheimen van zijn uiterlijk te veranderen, zich te verbergen door een andere identiteit aan te nemen, of zijn stem te vermommen.

De inname van het drankje verandert echter onherroepelijk zijn pad, dat al uitgestippeld leek. Vervolgens ervaart Tristan de kwellingen van jaloezie en heeft hij meerdere malen te maken met de dood om Isolde de Schone te zien. De waanzin ligt inderdaad op de loer wanneer hij te lang gescheiden blijft van zijn geliefde. Bovendien is zijn gedrag tegenover Isolde van de Witte Handen onredelijk en oneerlijk. Dit wekt jaloezie op bij zijn jonge vrouw, wat uiteindelijk leidt tot de dood van de geliefden.

ISOLDE DE KERMIS

Ze is twaalf jaar oud als de gewonde Tristan aankomt in het kasteel van haar vader, koning Gormond van Ierland. Terwijl Tristan herstelt, wordt zij zijn leerlinge: hij leert haar muziek en zang. Haar blonde haar glanst als goud. Ze is hoffelijk en bezit alle kwaliteiten die een man in een echtgenote kan wensen. Ze is een genezeres en kent de geheimen van planten dankzij de lessen van haar moeder, koningin Isolde, de zus van Morholt.

Verscheurd tussen haar gevoel van plicht tegenover haar man en haar alles verterende passie voor Tristan, gebruikt Isolde elke strategie die haar ter beschikking staat om haar twee rollen als getrouwde vrouw en minnares te handhaven. Ze wil geen van beide opgeven. Ze is zeer sluw en weet zich met behulp van haar trouwe dienares Brangaine uit netelige situaties te redden. Ze kan ook wreed, trots en meedogenloos zijn (met name in de episodes waarin ze Brangaine wil laten vermoorden en wanneer ze Tristan laat verjagen). Maar ze beseft haar fouten en straft zichzelf (bijvoorbeeld door zichzelf een haarstuk te laten dragen). Isolde lijkt minder onschuldig dan Tristan vanaf het moment dat zij, nadat zij door Brangaine is ingelicht over de kracht van de door haar moeder bereide wijn, deze aan Tristan laat drinken als hij dorst heeft. Vervolgens deelt zij de beker met hem en niet met haar man, zoals aanvankelijk de bedoeling was, omdat zij zich in haar hart tot hem aangetrokken voelt na zijn overwinning op de Ierse draak. Nadat Tristan naar Bretagne is vertrokken, wordt ook zij gekweld door jaloezie en eenzaamheid.

ISOLDE VAN DE WITTE HANDEN

De dochter van koning Hoel van Bretagne, Isolde van de Witte Handen, is "mooi en geleerd" (p. 168). Haar gelijkenis met Isolde de Schone trekt de aandacht en belangstelling van Tristan, en in een moment van diepe verbittering vraagt hij haar ten huwelijk. Jong en verliefd aanvaardt ze met vreugde. Dit nieuws verheugt ook haar broer Sir Kahedin, die van Tristan houdt. Op hun huwelijksnacht kan Tristan het huwelijk echter niet voltrekken omdat hij het gezicht van Isolde de Schone weerspiegeld ziet in de groene jaspisring die zij hem voor hun scheiding gaf. Isolde van de Witte Handen, die onwetend is over dergelijke zaken, neemt er geen aanstoot aan. Ze blijkt geduldig en teder met haar man, hoewel ze zich op een dag bij Kahedin beklaagt over haar situatie en daar wel onder lijdt. Wanneer zij de waarheid ontdekt over de liefde die Tristan en Isolde de Schone verbindt, verandert haar berustende tederheid in een verlangen naar wraak. De jaloezie die haar wreed kwelt, maakt haar kwaadaardige kant wakker; daarom vertelt ze Tristan dat zeil zwart is, terwijl het in werkelijkheid wit is. De dood van Tristan, en vervolgens van Isolde, is haar wraak.

BRANGAINE

Als kind gekocht van Noorse piraten, is Brangaine opgevoed met Isolde de Schone en zijn ze even oud. Hoewel Brangaine Isolde's bediende is, is ze ook haar speelkameraadje en haar enige vertrouweling. Ze is wijs en gehaaid, maar ook sluw. Ze maakt opzettelijk een fout, waardoor ze het vertrouwen van de koningin van Ierland beschaamt, wanneer ze de wijn aan Tristan en Isolde geeft. Toch doet ze dit om haar meesteres te helpen, aan wie ze een diepe liefde wijdt. Ze blijft haar trouw, wat er ook gebeurt. Meer dan eens helpt ze haar Tristan te vinden: ze treedt op als uitkijkpost voor de geliefden, ze neemt de plaats in van de koningin in het bed van de koning op hun huwelijksnacht, ze liegt tegen Mark om Isolde te beschermen, enz. Ze wordt vaak "lieve Brangaine" genoemd.

GORVENAL

De trouwe Gorvenal is voor Tristan wat Brangaine is voor Isolde de Schone. Hij is het, de wijze schildknaap, die Tristan opvoedt en hem vergezelt in al zijn avonturen, ontsnappingen en beproevingen. Zo helpt hij, wanneer de geliefden naar het woud zijn verbannen, hen zoveel mogelijk door manden voor hen te maken om voedsel te verzamelen, en aarzelt hij niet om alle vijanden van Tristan te doden die hij onderweg tegenkomt (de boswachter die de geliefden slapend aantreft en hen verraadt, en een van de verraderlijke baronnen). Maar Gorvenal is wijzer dan zijn leerling. Wanneer Tristan Isolde koste wat kost terug wil zien, waarschuwt Gorvenal hem en probeert hem van zijn al te riskante plannen af te brengen. Gorvenal sterft tijdens een laatste expeditie onder leiding van Sir Kahedin, de broer van Isolde van de Witte Handen.

ANALYSE

VERHALEND OVERZICHT

Tristan en Isolde is een verhalende tekst en volgt daarom de klassieke verhaallijn. Het verhaalt over passie die Tristan en Isolde verbindt en die alle menselijke en goddelijke wetten tart.

Beginsituatie: dit is het begin van het verhaal, het moment waarop de auteur de scène neerzet en de personages introduceert; de situatie is stabiel, wat betekent dat ze geen reden heeft om zich te ontwikkelen.

- Koning Mark regeert over Cornwall, omringd door zijn vazallen en zijn baronnen. De uitzonderlijke kwaliteiten van zijn neef Tristan maken hem de waardigste van zijn verdedigers.

Ontregelend element: dit is een gebeurtenis die de beginsituatie verstoort en het begin van het verhaal in gang zet.

- De baronnen van de koning eisen dat hij een vrouw neemt om een erfgenaam voort te brengen. Tristan vertrekt naar Ierland op zoek naar de enige vrouw die de koning wil trouwen: Isolde de Schone. Op de terugweg drinken Isolde en Tristan echter de liefdesdrank die bedoeld is voor Isolde en Mark, en worden zij verbonden door een onbreekbare liefde. Tristan wordt de rivaal van de koning.

Ontwikkelingen: dit zijn de gebeurtenissen die door het verstorende element worden veroorzaakt en die leiden tot de actie(s) die de hoofdpersoon onderneemt om het probleem op te lossen. Er zijn twee belangrijke ontwikkelingen in het verhaal:

- Wanneer het drankje in werking treedt. Tristan en Isolde zijn zo verliefd dat ze onvoorzichtig zijn, maar telkens worden ze op het allerlaatste moment gered, tot de dag waarop ze betrapt worden. Als ze veroordeeld worden, vluchten ze en schuilen ze in het bos, waar ze in armoede leven. Niettemin behoedt het drankje voor fysiek en emotioneel lijden: ze zijn samen, en dat is het enige dat telt.

- Als het drankje uitgewerkt is. De geliefden zijn niet langer onder de magische bescherming van de wijn. Ze voelen dan alle pijn van het bestaan dat ze leiden en maken zich zorgen over hun lot: het is tijd voor hen om te scheiden. Ze houden nog steeds van elkaar, maar met een menselijke liefde; vanaf dat moment ervaren ze de angst, twijfels en kwellingen van hun passie. Isolde keert terug naar de koning en het aanvankelijk geplande paar is weer bij elkaar. Tristan en Isolde verlangen echter naar elkaar, waardoor Tristan herhaaldelijk terugkeert de koningin.

Resultaat: dit maakt een einde aan de ontwikkelingen en leidt tot de conclusie.

- Tijdens een laatste avontuur raakt Tristan voor de derde keer gewond en vergiftigd. Niemand kan hem behandelen, behalve Isolde de Schone. Tegelijkertijd komt Isolde van de Witte Handen achter de waarheid over het verleden van haar man. Ze is jaloers, en nu is haar enige verlangen wraak te nemen. Daarom liegt ze tegen Tristan, wat tot zijn dood leidt.

Conclusie: dit is het einde van het verhaal. De situatie is opnieuw stabiel, zoals de beginsituatie, maar er hebben transformaties plaatsgevonden.

- Isolde de Schone sterft van wanhoop over het lichaam van haar geliefde. Hun lichamen worden teruggestuurd naar Cornwall naar koning Mark, die hen vergeeft en hen zij aan zij begraaft. De geliefden zijn eeuwig herenigd in de dood. De twee struiken die uit hun graven groeien en hun takken verstrengelen symboliseren deze onbreekbare liefde.

EEN ROMAN DIE GRENST AAN HET MAGISCHE

Tristan en Isolde, dat zoals alle legenden eerst mondeling circuleerde, werd vervolgens opgeschreven in een Romaanse taal, een voorloper van het moderne Frans dat tijdens de Middeleeuwen naast het Latijn bestond. In tegenstelling tot het Latijn werd deze taal als vulgair beschouwd. Daarom wordt het verhaal van Tristan en Isolde beschreven als een *roman* (Frans voor "roman"). Niettemin bestaat de legende van de twee geliefden in vele vormen: leken (de leugen is een korte vertelvorm, een soort kort verhaal in verzen, dat populair was in de 12th en 13th eeuwen), lange verhalende gedichten in verzen (specifiek in octosyllaben, dat wil zeggen in regels van acht lettergrepen), en romans in proza. Er bestaan bovendien twee verschillende versies: een epische versie die sequenties naast elkaar plaatst, geschreven in een grove stijl zonder overgangen, die zich slecht leent voor psychologische analyse; en een lyrische versie, die talrijke dramatische monologen bevat en de liefde van de twee hoofdpersonen ontwikkelt. Het beroemdste voorbeeld van de epische versie is die van Béroul (Anglo-Normandische troubadour, 12th eeuw), terwijl de beroemdste lyrische versie die is van Thomas of Britain (Anglo-Normandische troubadour, 12th eeuw), die een hoofse, ridderlijke versie presenteert.

Ook de aanwezigheid van magische elementen in het verhaal (de liefdesdrank, de draak, de reus, de magische ring, enz.) kan aan de verhaalvorm doen denken, evenals het feit dat bepaalde scènes worden herhaald: Tristan wordt tweemaal verwond, vergiftigd en vervolgens genezen door Isolde de Schone en haar moeder; de opeenvolgende vermommingen van Tristan, waarbij hij door Isolde en Brangaine wordt herkend, enz.

Ten slotte is het goed te vermelden dat de legende, voordat ze werd opgeschreven, werd verspreid door vertellers die de magische verplichting die de toverdrank vertegenwoordigt, zagen als een alibi voor de geliefden en een manier om het publiek uit te nodigen mee te voelen met het lijden van de hoofdpersonen en hen te vergeven. Het was ook een gelegenheid om na te denken over de plaats van de liefde in de feodale maatschappij: moeten mensen een liefde voorstaan die tegen alle wetten ingaat, of moeten ze de kant gevestigde orde en het huwelijk kiezen? De schriftelijke bewerkingen van de legende variëren tussen deze twee opties.

VERDER LEZEN

REFERENTIE-UITGAVE

Louis, R. (1972) *Tristan et Iseult*. Parijs: Librairie Générale Française.

REFERENTIESTUDIES

Baumgartner, E. (1993) Les romans de Tristan et Iseut. *Europees literair erfgoed. Le Moyen Âge, de l'Oural à l'Atlantique. Littératures d'Europe occidentale.* Brussel: Universiteit De Boeck, pp. 489-501.

De Beaumarchais, J.-P. en Rey, A. (1984) *Dictionnaire des littératures de langue française.* Parijs: Bordas, pp. 2333-2338.

Laffont, R. en Bompiani, V. (1960). *Dictionnaire des personnages littéraires et dramatiques de tous les temps et de tous les pays.* Parijs: Robert Laffont, pp. 506-507 en pp. 967-968.

Laffont, R. en Bompiani, V. (1994) *Le Nouveau Dictionnaire des oeuvres de tous les temps et de tous les pays.* Parijs: Robert Laffont, pp. 7289-7292.

*We horen graag van jou! Laat
een reactie achter op jouw online bibliotheek
en deel je favoriete boeken op social media!*

De uitgever garandeert de betrouwbaarheid van de gepubliceerde informatie, die echter niet onder zijn verantwoordelijkheid valt.

www.50minutes.com

Master ISBN: 9782808687997
Papier ISBN: 9782808699396
Wettelijk depot: D/2023/12603/1219

Omslag: © Primento

Digitaal ontwerp: Primento, de digitale partner van uitgevers.